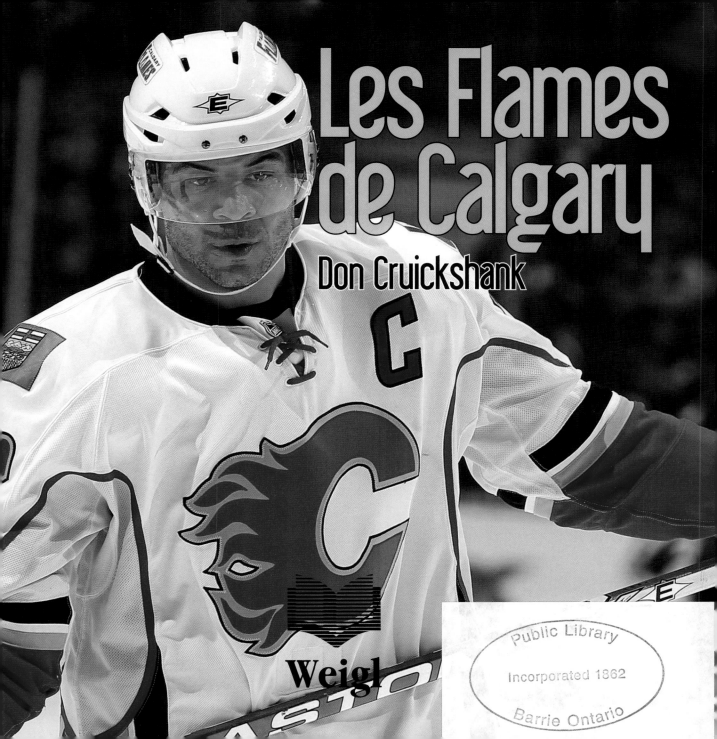

Les Flames de Calgary

Don Cruickshank

Weigl

La maison d'édition Weigl tient à remercier la famille Hoffart pour avoir inspiré cette série de livres.

Publié par Weigl Educational Publishers Limited
6325 10th Street S.E.
Calgary, Alberta T2H 2Z9
Site web : www.weigl.ca

Bibliothèque et Archives Canada - Catalogage dans les publications
Cruickshank, Don, 1977-
        Les Flames de Calgary / Don Cruickshank.
(Le hockey au Canada)
Comprend l'index.
ISBN 978-1-77071-422-9 (relié).

        1. Les Flames de Calgary (équipe de hockey)--Littérature pour adolescents.
I. Titre. II. Série : Cruickshank, Don, 1977- . Le hockey au Canada.
GV848.C28C775 2011   j796.962'6409712338   C2011-900788-6

Imprimé aux États-Unis d'Amérique à North Mankato, Minnesota
1 2 3 4 5 6 7 8 9 0 15 14 13 12 11

072011
WEP040711

Coordonnateur de projet : Aaron Carr
Directeur artistique : Terry Paulhus
Traduction : Tanjah Karvonen

Weigl reconnaît que les Images Getty est son principal fournisseur de photos pour ce titre.

Tous les efforts raisonnablement possibles ont été mis en œuvre pour déterminer la propriété du matériel protégé par les droits d'auteur et obtenir l'autorisation de le reproduire. N'hésitez pas à faire part à l'équipe de rédaction de toute erreur ou omission, ce qui permettra de corriger les futures éditions.

Dans notre travail d'édition, nous recevons le soutien financier du gouvernement du Canada par l'entremise du Fonds du livre du Canada.

TABLE DES MATIÈRES

4

L'histoire des Flames

Les Flames ont joint **la Ligue nationale de hockey (LNH)** en 1972. À cette époque, ils étaient les Flames d'Atlanta. L'équipe a déménagé d'Atlanta à Calgary en 1980. Leur **logo** a changé d'un A en flammes à un C en flammes.

Les Flames ont joué dans les championnats de **la Coupe Stanley** en 1986, 1989 et en 2004. En 1986, ils ont perdu contre les Canadiens de Montréal. Trois ans plus tard, les Flames ont battu les Canadiens pour remporter la Coupe.

Les Flames de Calgary ont remporté leur seule et unique Coupe Stanley en 1989.

L'aréna des Flames

Les Flames ont disputé leurs premiers parties à domicile au *Stampede Corral* pendant les trois premières années à Calgary. **L'aréna** était petit. Il y avait de la place pour 7 242 spectateurs seulement.

En 1983, les Flames ont déménagé au *Saddledome* olympique. Cet aréna était construit en 1988 pour les Jeux olympiques d'hiver. De nos jours, c'est nommé le *Scotiabank Saddledome*. Le Saddledome a **une capacité** de plus de 17 000 spectateurs.

Le Saddledome est ainsi nommé à cause de son toit en forme de selle.

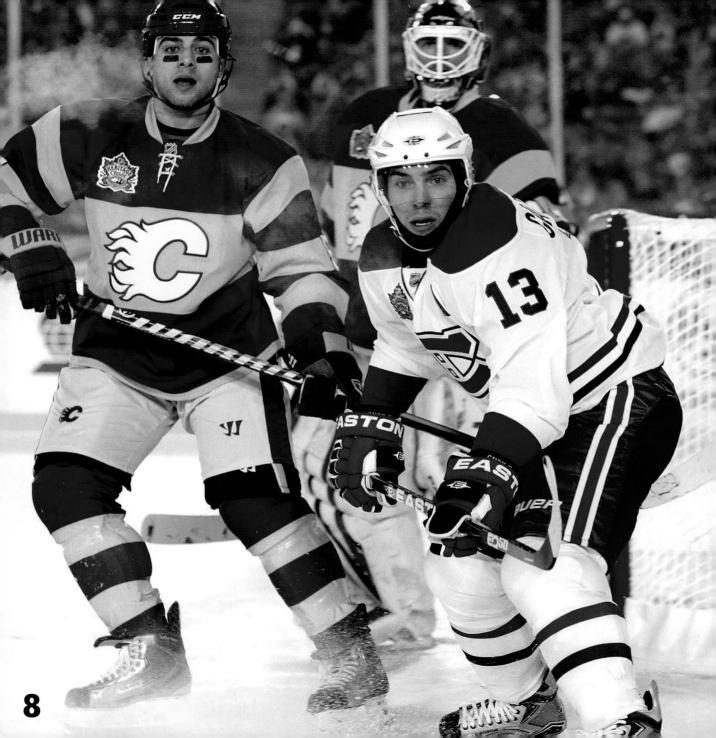

Les chandails

Le chandail à domicile est rouge avec un C noir en flammes sur la poitrine. Il y a une bordure noire, blanche et jaune sur l'uniforme.

Le chandail de visite est blanc avec un C rouge en flammes sur la poitrine. Il y a une bordure noire, rouge et jaune sur l'uniforme.

Le troisième chandail est rouge et jaune avec une bordure blanche. Ceci est le style de chandail que portait l'équipe dans les années 1980.

Calgary a porté un chandail spécial pour son match joué à l'extérieur en 2011.

Le masque des gardiens de but

 Mike Vernon était le gardien de but de Calgary pendant presque toutes les années 1980. Il a porté des masques de gardiens de but différents des autres gardiens de la ligue.

 Trevor Kidd était la sélection junior des Flames en 1990. Il avait des dragons qui soufflaient le feu sur son masque lorsqu'il jouait avec l'équipe.

 Roman Turek était avec les Flames pendant trois saisons. Son masque était inspiré par son groupe rock préféré.

Jarome Iginla a aidé à créer les crânes sur le masque de Miikka Kiprusoff.

Les entraîneurs

 Al MacNeil était l'entraîneur des Flames pendant un an à Atlanta. Ensuite, il était l'entraîneur des Flames pendant leurs deux premières saisons à Calgary.

 Bob Johnson est devenu l'entraîneur des Flames en 1982. Il était leur entraîneur pendant cinq ans, gagnant 193 matchs.

 Terry Crisp est devenu l'entraîneur des Flames en 1987. Deux ans plus tard, il a mené l'équipe à une victoire dans la Coupe Stanley.

Deux des frères de Brent Sutter étaient entraîneurs des Flames avant lui.

La mascotte

Harvey the Hound est **la mascotte** des Flames de Calgary depuis 1983. Harvey divertit les spectateurs et mène les cris pour encourager la foule pendant le match.

Parfois, Harvey essaie de distraire les autres équipes de la LNH. Il aime surtout taquiner le plus grand **rival** des Flames, les Oilers de Edmonton. Une fois, l'entraîneur des Oilers a arraché sa grosse langue en tissu. Harvey le taquinait derrière son banc.

Harvey the Hound était la première mascotte dans la LNH.

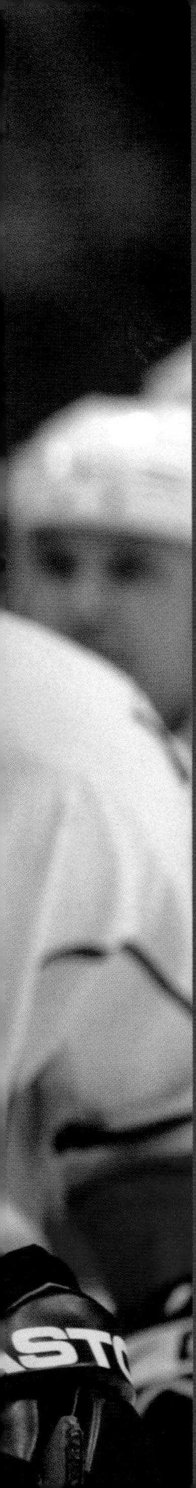

Les records des Flames

Les Flames qui mènent dans les records

Le plus de buts
Jarome Iginla
484 buts

Le plus de matchs joués
Jarome Iginla
1 106 matchs joués

Le plus de minutes de pénalité
Tim Hunter
2 405 minutes de pénalité

Le plus de passes décisives
Al MacInnis
609 passes décisives

Le plus de matchs gagnés par un gardien de but
Mike Vernon et Miikka Kiprusoff étaient tête-à-tête avec 262 matchs gagnés à la fin de la saison 2010–2011.

Le plus de points
Jarome Iginla
1 006 points

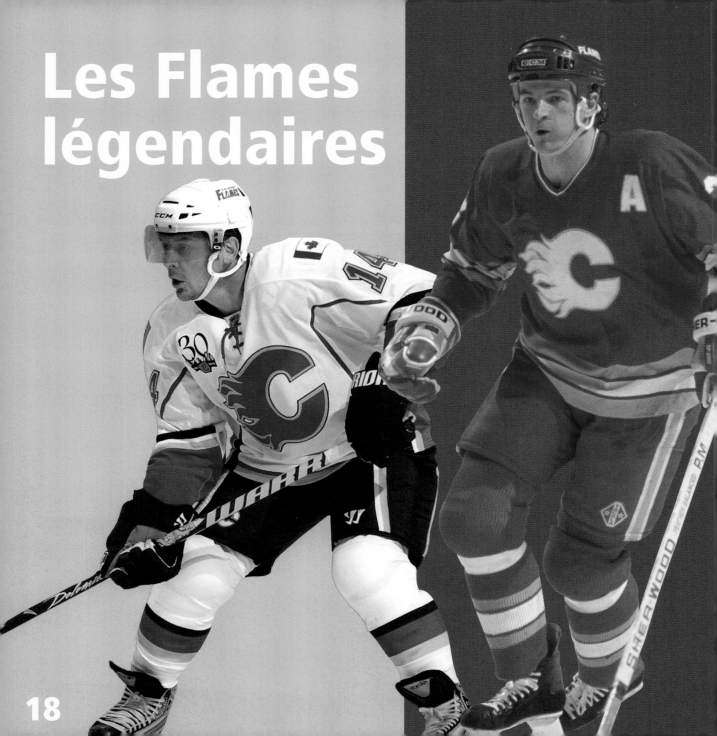

Les Flames légendaires

nº 2

AL MACINNIS

Position : joueur de défense
Saisons avec les Flames : 13
Né : le 11 juillet, 1963
Ville natale : Inverness, Nouvelle-Écosse

DÉTAILS DE CARRIÈRE

Al MacInnis était sélectionné par Calgary dans **le repêchage universel de la LNH** en 1981. Il a aidé les Flames à remporter la Coupe Stanley en 1989. MacInnis était nommé **le joueur le plus utile** dans la série éliminatoire cette année-là. Il est le meneur de tout temps des Flames dans les passes décisives. Il était reconnu pour avoir un des lancers frappés les plus forts dans la LNH. MacInnis a terminé sa carrière jouant avec les Blues de St. Louis de 1994 à 2004.

nº 14

THEOREN FLEURY

Position : ailier droit
Saisons avec les Flames : 11
Né : le 29 juin, 1968
Ville natale : Oxbow, Saskatchewan

DÉTAILS DE CARRIÈRE

Theoren Fleury était sélectionné par les Flames en 1987. Deux ans plus tard, dans sa saison de **nouvelle recrue**, Fleury a aidé les Flames a remporté leur seule Coupe Stanley. Il a joué pendant 11 saisons avec les Flames et est devenu leur meneur de tout temps avec 364 buts et 830 points. Fleury était échangé contre l'Avalanche du Colorado pendant la saison de 1998–1999. Il a terminé sa carrière avec les Blackhawks de Chicago pendant la saison de 2002–2003.

Les vedettes des Flames

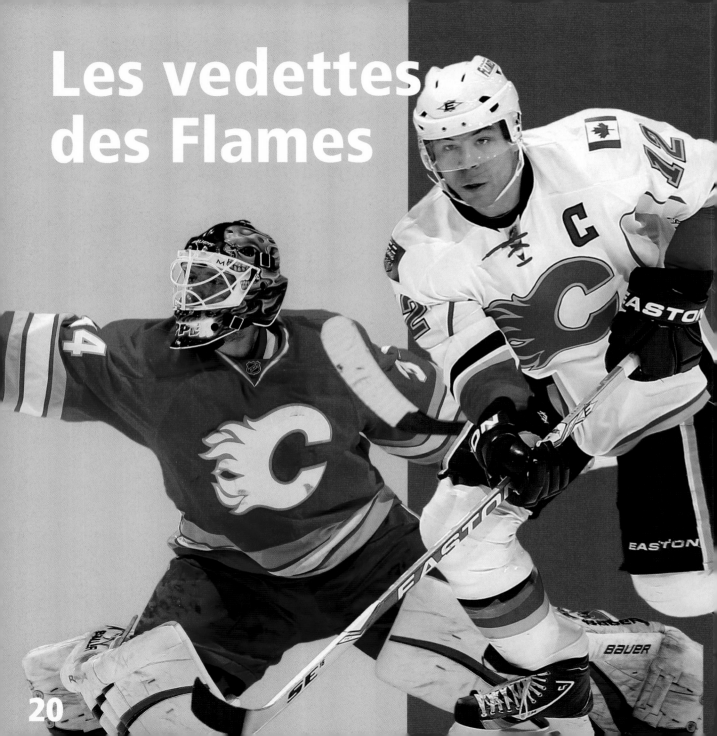

nº 12

JAROME IGINLA

Position : ailier droit
Saisons avec les Flames : 14
Né : le 1er juillet, 1977
Ville natale : Edmonton, Alberta

DÉTAILS DE CARRIÈRE

Jarome Iginla est le capitaine des Flames de Calgary. En 1995, il était échangé aux Flames des Stars de Dallas. En 2002, il a remporté le trophée Art Ross pour avoir amassé le plus de points pendant une saison régulière de la LNH. Iginla a aussi remporté le trophée Maurice « Rocket » Richard deux fois en tant que le plus grand marqueur de la ligue. En 2011, il est devenu le 10ème joueur dans l'histoire de la LNH à compter 30 buts dans 10 saisons consécutives.

nº 34

MIIKKA KIPRUSOFF

Position : gardien de but
Saisons avec les Flames : 7
Né : le 26 octobre, 1976
Ville natale : Turku, Finlande

DÉTAILS DE CARRIÈRE

Miikka Kiprusoff a commencé sa carrière avec les Sharks de San Jose. Il était échangé contre Calgary en 2003. Son excellent jeu a mené les Flames aux championnats de la Coupe Stanley en 2004. Après la saison de 2005–2006, Kiprusoff a remporté le trophée Vezina en tant que meilleur gardien de but de la LNH. Il a établi un nouveau record avec les Flames pendant la saison régulière de 2008–2009 en gagnant 45 matchs. En 2010–2011, Kiprusoff a attrapé Mike Vernon pour le plus grand nombre de matchs gagnés de tout temps par les Flames.

Les moments inoubliables

1985

Gary Suter enfile son uniforme pour sa saison de nouvelle recrue. Il marque 18 buts et accumule 68 points. Le joueur de défense remporte le trophée Calder comme meilleure nouvelle recrue de la LNH.

1986

Calgary gagne contre les Oilers de Edmonton pour la première fois dans la série éliminatoire. Les Flames joue contre les Canadiens de Montréal dans les championnats de la Coupe Stanley. C'est la première fois depuis 19 ans que deux équipes canadiennes disputent la Coupe Stanley. Les Flames perdent la série en cinq matchs.

1989

Les Flames remportent la Coupe Stanley. Ils se vengent des Canadiens de Montréal qui les avaient battus trois ans auparavant. Les Flames sont la première équipe visiteuse à remporter la Coupe Stanley dans le légendaire Forum de Montréal.

2011

Le 20 février, les Flames disputent leur premier match joué à l'extérieur dans l'histoire de l'équipe. Avec une température de -30 °C, Calgary gagne contre les Canadiens de Montréal 4 à 0 au stade McMahon.

2004

Les Flames sont de nouveau dans les championnats de la Coupe Stanley. Ils avaient manqué la série éliminatoire des sept dernières saisons. Les Flames ont presque remporté le trophée des championnats. Ils ont perdu la série contre le Lightning de Tampa Bay en sept matchs.

Les devinettes

Teste tes connaissances des Flames de Calgary en trouvant la solution à ces devinettes.

1. En quelle année est-ce que les Flames ont remporté la Coupe Stanley ?

2. De quelle couleur était le chandail des Flames dans les années 1980 ?

3. Qui était la première mascotte dans la LNH ?

4. L'aréna des Flames ressemblent à quel objet ?

5. Quels joueurs des Flames ont marqué le plus de buts ?

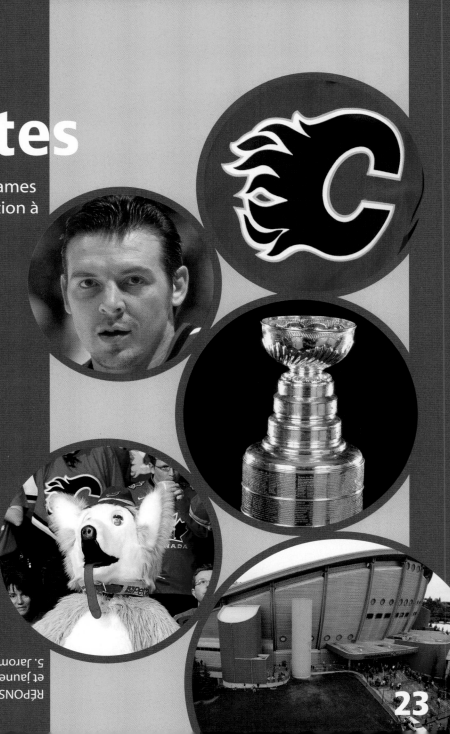

RÉPONSES : 1. 1989 2. rouge avec une bordure blanche et jaune 3. *Harvey the Hound* 4. une selle 5. Jarome Iginla

23

Glossaire

aréna : un centre sportif avec une patinoire où les équipes de hockey jouent leurs matchs

capacité : le nombre maximum de personnes qui peuvent entrer dans un stade ou un aréna

Coupe Stanley : le prix de la Ligue nationale de hockey pour l'équipe qui a le mieux joué dans la série éliminatoire

joueur le plus utile : le joueur qui a le plus contribué au succès de son équipe

Ligue nationale de hockey (LNH) : une organisation des équipes de hockey professionnelles

logo : un symbole qui représente une équipe

mascotte : un animal ou autre objet qui apporte de la chance à une équipe

nouvelle recrue / joueur professionnel depuis moins d'un an : un joueur ou une joueuse dans sa première saison professionnelle

repêchage (universel) de la LNH : la sélection de joueurs de hockey junior pour joindre les équipes de la LNH

rival : un compétiteur

24

Index